May Flores Manzano

APULEYO EDICIONES · FOMENTO DE VALORES · CUENTOS ILUSTRADOS

APULEYO EDICIONES   FOMENTO DE VALORES   CUENTOS ILUSTRADOS

*A mis hijos y a mis sobrinos, que también perdieron
a sus mascotas y a su tía, la de las gallinas.*

Este cuento obtuvo el primer premio en
el IV Concurso de Cuentos Infantiles Adiós Cultural 2020.

Hoy es mi décimo cumpleaños.

Me encanta que sea mi cumple porque, además de que me hacen regalos, estoy de vacaciones. Pero no en casa, con ese calor pegajoso de la ciudad y oyendo cómo pitan los coches. No. Estoy de vacaciones en el pueblo de mi abuela. Aquí juego todo el día y nunca hay prisa por ir a la cama. Es verano y las noches en el pueblo huelen diferente. Además, todos están relajados —¡hasta mi madre!—, tomando la fresca. Y parece que los días duren más.

Cada mañana antes de despertarme del todo, lo primero que oigo es a Lucas, el gallo del corral de mi tía, que tiene un mal genio... Es un poco pesado; antes de que salga el sol, ya está cantando su quiquiriquí para marcar el territorio, y cuando le echas de comer, te persigue para picarte en el culo. Has de ir con un cuidado... ¡Menudo chuleta es este gallo!

Pero lo que de verdad me hace saltar de la cama es el jaleo de las golondrinas cuando se persiguen por el aire como si estuviesen jugando. Entonces, aunque sé que todavía me queda mucho para volver al cole, me digo que no he de ser perezosa y he de aprovechar el día. A muchas de mis amigas, les gusta levantarse tarde en verano. Además, dicen que es un rollo nacer en vacaciones porque no

puedes hacer una fiesta con toda la clase. Pero, para mí, celebrar mi cumpleaños en vacaciones es lo mejor de lo mejor. Me encanta escuchar cómo cantan las cigarras a mediodía porque nos avisan de que hará calor y podremos ir a bañarnos al río o a la piscina, y eso, para mí, es un superregalo.

Aunque de todos los regalos que me han hecho en mi vida, el mejor fue el del año pasado, en mi noveno cumpleaños. Se llamaba Ónice...

Me había ido al corral de mi tía Conce, la de las gallinas. Mi hermano y yo la llamamos así desde pequeños porque ningún corral del pueblo tiene tantas gallinas como el suyo. Allí tiene un gallinero, donde comen y duermen las gallinas, y también Lucas, el gallo que las vigila todo el rato.

Mi tía Conce nació el mismo día que yo, así que después de la siesta, cuando el sol ya no achicharraba tanto, fui a verla y a llevarle unos cardos borriqueros de color lila que cogí por la mañana en el monte.

—¡Feliz cumpleaños, tía Conce! —le dije, mientras le daba el ramito de sus flores silvestres favoritas.

—¡Ay, corazón!, muchísimas gracias. Te has acordado. —Y me besó en las dos mejillas haciendo mucho ruido—. ¡Qué preciosos son los cardillos!, ¿verdad? Pero ¿habrás tenido cuidado al cogerlos?

—Pues claro, justo como tú me enseñaste: me puse unos guantes de fregar, de esos de color rosa tan largos, y me llevé unas tijeras.

—¡Pero qué lista es mi sobrina, madre, y qué maja! —Y me dio un achuchón tan fuerte que me arrugó todo el vestido—. Pero... me parece que alguien más celebra hoy algo, ¿no? —preguntó al aire, guiñándome un ojo.

—Claro, tía, si tú y yo nacimos el mismo día.

—Pues eso, cariño. No creas que me he olvidado. ¡Ya nueve años! ¡Cómo pasa el tiempo! —Y mientras me cogía de la mano, me dijo con esa voz de miel suya—: Mira, Ada, ven, quiero enseñarte algo que te va a encantar.

Y me llevó a un rincón del corral, cerca del gallinero, donde había una jaula con techo de uralita y dentro unos pollitos amarillos y otros jaspeados. Eran preciosos. Hacía dos días que habían nacido. Las gallinas incubaron (me dijo mi tía) los huevos durante tres semanas y, después, rompieron el cascarón. ¡Qué monos y graciosos eran!

—Escoge el que quieras, Ada. Uno es para ti.

¿Uno para mí? ¡Qué sorpresa! Nunca me imaginé un pollito como mascota, como se tiene un gato o un perro. Además, no sabía cuál quedarme, todos eran muy cuquis. ¡Qué difícil!

Y, entonces, lo vi.

Salió lleno de paja de una caja grande de madera que había en la jaula y que usaban a veces las gallinas para poner sus huevos. Tenía el pico oscuro, con pecas amarillas, y todo el cuerpo de plumas negras. Debajo del cuello, tenía una mancha blanca; parecía que llevase una pajarita. No paraba de piar y temblaba. Era un poco más pequeñito que los demás.

No me lo pensé dos veces.

—Quiero ese, el negro.

Mi tía lo sacó de la jaula. Lo cogí y lo apoyé en mi estómago, miré sus ojos como la noche y le dije:

—Te llamarás Ónice, como el mineral negro y blanco que mi hermano guarda en su caja de minerales. —Mi tía aplaudió.

Con el calor de mi cuerpo, Ónice dejó de temblar.

—Parece que le gustas —me comentó ella—. Pero, mira, tesoro, de momento no te lo puedes llevar a casa porque aún es muy pequeñito y necesita a su madre para que lo alimente y le dé calorcito.

—Claro, como cualquier bebé —dije yo.

13

En ese momento, las voces de las gallinas me hicieron pensar en una cosa:

—Pero, entonces, si de cada huevo sale un pollito, ¿dónde están todos los demás? ¿Y por qué Ónice es negro y los otros amarillos?

Mi tía sonrió y movió la cabeza.

—No, Ada, no. Los pollitos sólo pueden salir de huevos que han fecundado los gallos y que, después, han incubado las gallinas. Y unas veces nacen todos iguales y otras no. Los demás huevos son para comer.

—¿Fecun... qué?

Con la explicación de mi tía, empecé una carrera de preguntas: ¿y cómo sabes qué huevos son para comer y cuáles para pollitos? ¿Y qué comen tan pequeños? ¿Y cuándo sabes si los pollitos son chicos o chicas? ¿Y por qué...?

—¡Uy, uy!, ¡cuántas preguntas! —exclamó sorprendida—. Mira, lo mejor para aprender es vivir las experiencias en persona. Si quieres, ven cada día a ver a Ónice y me ayudas con las gallinas. Así hablaremos de lo que tú quieras y aprenderás cosas sobre el corral. ¿Qué te parece?

Me parecía genial. ¿Cómo no se me había ocurrido antes?

Cuando me iba, una gallina pasó por mi lado haciendo: «Po po po, pa pa pa...». Mi tía fue a la cesta donde acababa de poner el huevo y lo cogió.

—¿Has visto qué orgullosa iba? Toma, para que te lo haga frito tu madre, verás qué rico está —y me puso el huevo en la mano. ¡Todavía estaba caliente!

Abrí los ojos como una lechuza y miré fijamente el huevo para ver si algo se movía dentro. Después de lo que me había explicado... ¿Y si había un pollito escondido?

Nos miramos y las dos nos echamos a reír.

Ese fue nuestro trato. Cada tarde iba a ver a Ónice y ayudaba a mi tía. En el comedero, poníamos maíz, semillas, pan mojado en agua y restos de comida. ¡Qué sorpresa!: ¡las gallinas comen de todo, como nosotros! Limpiábamos los palos del gallinero (¡ecs!, la caca de las gallinas), cambiábamos el agua del bebedero y cogíamos del ponedero los huevos para comer. ¡Uf!, ¡cuánto trabajo hay en un gallinero! ¡Con lo fácil que es comprar los huevos en el súper!

Cada noche, antes de irme a la cama, hacía una lista de preguntas para mi tía. Y también apuntaba todas las palabras nuevas para aprenderlas de memoria. Mi madre me llamaba Doña Listas.

En una semana, Ónice era un pollito listo y travieso. Si comía de mi mano, me perseguía como si yo fuese su mamá gallina. Me divertí mucho durante aquellos días y aprendí tanto que seguro que Teresa, mi profesora de naturales, me hubiese puesto un excelente.

Una tarde, cuando salía del corral, el cielo se llenó de nubarrones y los relámpagos se movían dentro de ellos como si fuesen luciérnagas. De repente, ¡qué oscuro estaba todo! Llovió toda la noche. Yo no entendía cómo podía llover así en verano. Fue una noche bien pasada por agua, como dice mi abuela.

Por la mañana, ya no llovía, hacía fresquito y las calles estaban sucias. Después de comer, fui a ver a Ónice. Cuando llegué, encontré a mi tía limpiando el corral. Las gallinas picoteaban en el barro. Los pollitos piaban dentro de la jaula, pero a Ónice no lo veía. Lo busqué hasta que mi tía me miró y me llevó hacia un rincón del corral. Estaba fuera de la jaula, estirado sobre un poquito de paja. Tenía las plumas pegadas al cuerpo y la cabeza caída, con los ojitos cerrados. Mi tía Conce me explicó que se había escapado del gallinero y que lo había encontrado dentro del barreño donde ella ponía el cereal y el pan mojado. Al estar vacío, con la lluvia se llenó de agua. Quizá Ónice tuvo hambre y pensó que allí habría comida. Y se cayó dentro.

—Ónice se ha ahogado —me dijo mi tía, flojito, como un susurro.

—¿Ahogado? ¿Cómo se puede ahogar si no estaba en el río ni en la playa?

—Uno puede ahogarse en la playa, en el río, en la piscina... Si los pulmones se llenan de agua, no puedes respirar y te ahogas.

—¡Si es un animalito! —me quejé.

—Los animales también se ahogan, como las personas. Ha sido un accidente, cariño; puede pasar.

—Pero el perro de mi vecino se cayó del balcón y dijeron que había sido un accidente y no se murió.

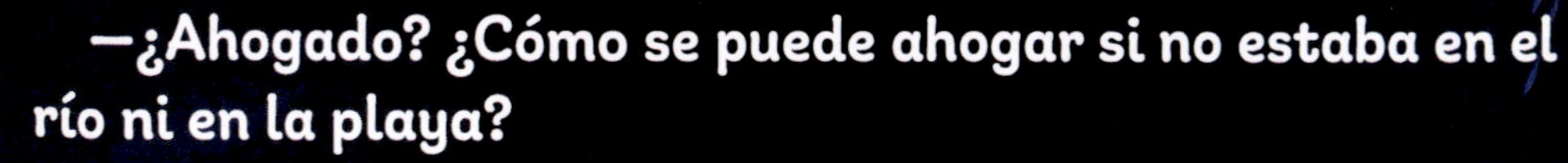

20

—¿Ahogado? ¿Cómo se puede ahogar si no estaba en el río ni en la playa?

—Uno puede ahogarse en la playa, en el río, en la piscina... Si los pulmones se llenan de agua, no puedes respirar y te ahogas.

—¡Si es un animalito! —me quejé.

—Los animales también se ahogan, como las personas. Ha sido un accidente, cariño; puede pasar.

—Pero el perro de mi vecino se cayó del balcón y dijeron que había sido un accidente y no se murió.

Mi tía no dijo nada. Se le notaba triste, hasta se mordía los labios para no llorar. Entonces, me cogió de las manos y nos sentamos sobre unas piedras del corral.

—Mira, Ada, a veces, las personas y los animales tienen accidentes y no siempre se muere alguien. Más bien, solemos morirnos de viejos, cuando tenemos muchos años.

—Entonces, ¿por qué Ónice se ha muerto tan pequeñito? ¡Tenía sólo unas semanas!

—Sí, amor, es una pena. Era muy chiquitito, pero no podemos hacer nada. Ha sido una desgracia.

—¡Una desgracia y una injusticia!

Empecé a llorar y a sentir dolor como si me fuera a explotar el corazón. Casi no podía hablar de tantos mocos como tenía en la garganta. Pensé que yo también me iba a ahogar.

Mi tía me abrazó. Cuando me calmé, se me ocurrieron preguntas que antes no había pensado nunca.

—¿Y por qué se mueren los animales, tía?

—Todos los seres vivos nos morimos porque nuestro cuerpo deja de funcionar; se estropea porque nos hacemos viejos o por una enfermedad o por un accidente.

En ese momento, me acordé de mi bici, que no iba bien, y le pregunté:

—¿Quieres decir que nuestro cuerpo es como una bici vieja, con las ruedas deshinchadas, con sus frenos que no frenan y la luz que ya no alumbra?

—Sí, algo así. Nuestro corazón no late, nuestra cabeza no piensa y los pulmones ya no tienen aire.

Yo la escuchaba atenta. Sabía que ella, que me había enseñado tanto sobre gallinas, también me enseñaría cosas sobre la muerte.

—Tía Conce, ¿adónde van los animales y las personas cuando se mueren?

—Pues no lo sé, tesoro. En realidad, nadie lo sabe de verdad.

—Pues el abuelo de mi amiga Mar se murió el año pasado y ella me dijo que se había ido al cielo.

—Puede ser. Nadie lo sabe, porque nunca se ha podido comprobar. Hay quien cree que, después de morirnos, algo de cada uno sigue viviendo en otro lugar, como en el cielo, pero sin ese cuerpo estropeado.

—¿O como en otro planeta del universo? ¿Como si fuéramos invisibles?

—Podríamos llamarlo así. Invisibles, porque no veremos más a ese ser como tú y yo nos vemos ahora. Pero serán visibles en el recuerdo de los demás.

—¡Ah...! ¿Y podemos volver a vivir, como en las películas?

—No, cariño. Eso son sólo películas.

Las dos nos callamos un momento, hasta que yo le pregunté:

—Tía, ¿tú te morirás?

—Claro, Ada, algún día sí —y apretó los labios.

—¿Y yo también?

—Sí, cuando seas muy viejecita, también. Es ley de vida, amor. Nadie vive para siempre. Morirse es dejar de vivir.

—Como las plantas de mi terraza en invierno, que se secan porque pasan frío —le expliqué pensativa.

Entonces sentí un escalofrío.

—Tengo miedo —dije con voz de moco— y pena, por no poder ver otra vez a los que queremos.

—No has de tener miedo, Ada. Las personas y las mascotas dejan de vivir entre nosotros, pero no dentro de nosotros. Sus recuerdos están aquí —y me tocó la frente— y también aquí —y me puso la mano en el corazón—, hasta que nosotros queramos o hasta que el tiempo y nuestra mala memoria se los lleven.

—Pero, cuando me acuerde de Ónice, me pondré triste...

—Sí, es verdad. Esos recuerdos también pueden ponerte triste, pero enseguida que pienses en lo bien que lo has pasado con él o cuando veas de nuevo las fotos que hicimos con mi móvil, te alegrarás de haberlo tenido como mascota, aunque haya sido poco tiempo. Todos los seres queridos, aunque se marchen para no volver, siempre siguen vivos en nuestros recuerdos. Y, al pensar en ellos, es como si volvieran a la vida en esos momentos, y su recuerdo nos hace felices. Siempre tienen un hueco en nuestros corazones.

«Los recuerdos...», pensé y enseguida me acordé de mi pollito.

—¿Y tú dónde crees que está Ónice, tía? —Cogió aire.

—Para mí, de día, Ónice estará siempre correteando por el corral. Y en las noches claras, miraré las estrellas y pensaré en él. Puede que alguna luz brillante del cielo titile, como un guiño. Entonces, cerraré los ojos y me preguntaré: «¿Será él?».

Al día siguiente, mi hermano, mis amigos y yo enterramos a Ónice bajo una higuera en el cementerio de los animales, en una era a las afueras del pueblo. Allí también habíamos enterrado polluelos de golondrinas que se habían caído del nido y mariposas que habían perdido el polvillo de sus alas y habían muerto de tristeza; y saltamontes a los que se les había roto una patita y ya no podían saltar, y también algún gatito descuidado que había sido atropellado. Incluso, un verano, enterramos al pez de un primo mío que se lo había traído al pueblo de vacaciones, pero el cambio no le sentó bien.

Desde el entierro de mi pollito, el cementerio de los animales es todavía más especial para mí.

Hoy es mi décimo cumpleaños.

Y un año más tarde de que Ónice se fuera, estoy de visita en el cementerio, aunque no en el cementerio de los animales, porque a Ónice ya lo visité ayer. Donde está enterrado, han crecido hierbas, pero aún está la cruz de ramitas de higuera que le hice.

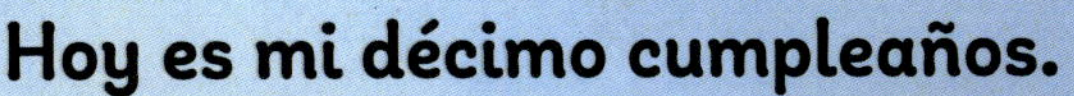

Ahora estoy en el cementerio del pueblo, sin nadie. La puerta de hierro tenía sólo el cerrojo echado, que chirría mucho al abrirse, y las piedrecitas de la entrada siempre hacen ruido al pisarlas.

Muchas veces acompaño a la abuela a llevarles flores a sus padres, miro las fotos de otras tumbas y leo lo que pone. Me gusta imaginar cómo fueron esas personas.

Bajo un árbol largo y delgado que parece que sube hasta el cielo, la he encontrado. Miro la foto, leo el nombre y la dedicatoria. Pero ahora no necesito imaginarme la vida de quien está ahí enterrada porque ya me la sé de memoria.

Mi tía Conce, la de las gallinas.

Se fue el invierno pasado, como las plantas que se secan por el frío. Se apagó, poco a poco, como las velas que iluminan una noche entera. Yo creo que fue otra injusticia de la vida, aunque ella me diría que es ley de vida.

Hoy también es su cumpleaños. Quería contarle que este verano, con diez años, me siento mayor, que en el corral han nacido otros pollitos, pero ninguno tan especial como Ónice. Ella ya lo decía: cada polluelo es diferente a otro y tiene su personalidad, como los niños, como los mayores. Alguna tarde voy al corral. Lucas sigue siendo un chulito. A veces, les echo el maíz (el panizo, como decía ella) y cojo los huevos de donde sé que no saldrán pollitos.

Mi tía siempre está en mi pensamiento: cuando estoy con las gallinas, cuando la veo en fotos o cuando abro mi tableta del cole y allí estamos las dos, en la pantalla, en un selfi del año pasado con Ónice. Y en especial, cuando como huevos fritos, que me encantan.

Los echo mucho de menos a los dos. Ella me enseñó que los recuerdos son importantes y hay que hacerles un sitio en nuestro corazón para sentir cerca a las personas que quisimos. Mi tía, la de las gallinas, fue mi mejor cuaderno de verano el año pasado.

Antes de irme, le dejo unos cardos borriqueros de flor lila que he cogido para ella mientras venía a verla. El sol quiere marcharse. Miro al cielo y veo que ya aparecen las estrellas. Mañana será un día superguay para ir a bañarse al río o a la piscina, porque las chicharras hacen mucho ruido.

Justo encima de mi cabeza, algo brillante parpadea, como una bombilla que está a punto de fundirse. Sonrío; creo que Ónice se ha alegrado de verme otra vez. Me gusta pensar eso. Y a su lado, otra lucecita brilla más y chispea, como al hacer guiños con los ojos, y me pregunto: «¿Será mi tía, la de las gallinas, contenta de que la haya ido a visitar el día de nuestro cumpleaños?».

FIN

APULEYO
EDICIONES

Ónice y mi tía, la de las Gallinas

APULEYO EDICIONES   FOMENTO DE VALORES   CUENTOS ILUSTRADOS

May Flores Manzano

APULEYO EDICIONES   FOMENTO DE VALORES   CUENTOS ILUSTRADOS